BEI GRIN MACHT SICH IHR
WISSEN BEZAHLT

- Wir veröffentlichen Ihre Hausarbeit,
  Bachelor- und Masterarbeit

- Ihr eigenes eBook und Buch -
  weltweit in allen wichtigen Shops

- Verdienen Sie an jedem Verkauf

Jetzt bei www.GRIN.com hochladen
und kostenlos publizieren

Markus Krauß, Johannes Raithel

Analyse und Prognose monatlicher Strompreise und -verbräuche der US-Bundesstaaten Arkansas und Michigan

GRIN Verlag

Bibliografische Information der Deutschen Nationalbibliothek:

Die Deutsche Bibliothek verzeichnet diese Publikation in der Deutschen National-
bibliografie; detaillierte bibliografische Daten sind im Internet über http://dnb.d-
nb.de/ abrufbar.

Impressum:

Copyright © 2013 GRIN Verlag GmbH
Druck und Bindung: Books on Demand GmbH, Norderstedt Germany
ISBN: 978-3-656-40838-3

Dieses Buch bei GRIN:

http://www.grin.com/de/e-book/212537/analyse-und-prognose-monatlicher-
strompreise-und-verbraeuche-der-us-bundesstaaten

GRIN - Your knowledge has value

Der GRIN Verlag publiziert seit 1998 wissenschaftliche Arbeiten von Studenten, Hochschullehrern und anderen Akademikern als eBook und gedrucktes Buch. Die Verlagswebsite www.grin.com ist die ideale Plattform zur Veröffentlichung von Hausarbeiten, Abschlussarbeiten, wissenschaftlichen Aufsätzen, Dissertationen und Fachbüchern.

Besuchen Sie uns im Internet:

http://www.grin.com/

http://www.facebook.com/grincom

http://www.twitter.com/grin_com

fachhochschule stralsund

university of
applied
sciences

fachbereich school of
wirtschaft business studies

Analyse und Prognose monatlicher Strompreise und -verbräuche der US-Bundesstaaten Arkansas und Michigan

Hausarbeit im Fach Quantitative Methoden II

im Studiengang Wirtschaftsinformatik Master
WS 2012/13

Markus Krauß
Johannes Raithel

Inhaltsverzeichnis

1 Motivation und Zielstellung

In dieser Arbeit werden monatliche Daten bezüglich des Stromumsatzes und -verbrauchs der US-Bundesstaaten Arkansas und Michigan im Zeitraum von Januar 1990 bis Juni 2012 analysiert. Ziel dieser Untersuchungen ist es, möglichst genaue Prognosen für die Stromumsatz- und Stromverbrauchsentwicklung aufstellen zu können. Dies geschieht unter Verwendung der Softwarepakete EViews, SPSS und GiveWin2/STAMP.

Abbildung 1: Karte der USA mit den Staaten Arkansas und Michigan (Quelle: modifizierte Grafik in Anlehnung an http://www.englisch-hilfen.de/images/usa/states/map.gif)

Nachdem im ersten Kapitel eine kurze Einführung in die Thematik gegeben wurde, beschäftigt sich das zweite Kapitel mit der Beschreibung der untersuchten Zeitreihen. Zudem werden die Daten für die folgenden Untersuchungen vorbereitet. Dies betrifft eventuell vorhandene Ausreißer in den Datenbeständen, die durch Mittelwertbildung bereinigt werden. Im anschließenden Kapitel werden mit Hilfe von UC- und ARIMA-Modellen Prognoseformeln entwickelt. Außerdem sollen die Umsatz- und Absatzreihen auf Kointegration hin untersucht werden. Die Güte der Modelle wird anhand von Detailprognosen und Fehlerrechnungen bewertet. Am Ende der Arbeit werden alle gesammelten Ergebnisse zusammengefasst kurz interpretiert.

2 Datenvorbehandlung

In diesem Kapitel wird beschrieben welche Daten untersucht werden. Anschließend werden die Daten einer Sichtprüfung unterzogen. Daraufhin wird eine Ausreißerbereinigung durchgeführt. Letztendlich werden die Monatsreihen mit Hilfe von Periodogrammen und Spektraldichtediagrammen auf Zyklen überprüft.

2.1 Beschreibung der Daten

Die Daten entstammen dem Onlineportal der Energy Information Administration (EIA), dem Amt für Energiestatistik innerhalb des US-amerikanischen Energieministeriums. Gegenstand der Untersuchungen sind die beiden US-Bundesstaaten Arkansas (AR) und Michigan (MI). Für die Untersuchungen wurden die Zeitreihen monatlicher Umsatz in Millionen Dollar und monatlicher Absatz in Gigawattstunden verwendet. Der Beobachtungszeitraum umfasst das Zeitintervall von Januar 1990 bis Juni 2012 und beinhaltet somit jeweils 270 Beobachtungen für die beiden Zeitreihen.

Damit die prognostizierten Werte mit den tatsächlich eingetretenen Werten verglichen werden können, werden die beobachteten Werte der Jahre 2011 und 2012, also die letzten 18 Werte, vom restlichen Datenbestand abgetrennt. Somit stehen für die Schätzung der Prognoseformeln 252 Beobachtungen zur Verfügung.

Im Rahmen dieser Hausarbeit wird das Vorgehen bei der Erstellung der Prognosegleichungen anhand eines ausführlichen Demonstrationsbeispiels zunächst ausführlich für die Absatzreihe Arkansas dargestellt. Die Prognosemodelle der drei verbleibenden Zeitreihen werden anschließend tabellarisch und grafisch zusammengefasst. Das Vorgehen bei der Modellierung der Kointegrationsmodelle wird anhand der Umsatz- und Absatzreihe des Bundesstaats Arkansas beschrieben. Ausführliches Dokumentationsmaterial dazu ist im Anhang und auf der beigefügten CD zu finden.

2.2 Ausreißerbereinigung und Sichtprüfung

Mit Hilfe der Software EViews ist es möglich, Ausreißer und Extremwerte aus Datensätzen zu identifizieren. Die Extremwerte werden durch Mittelwertbildung aus den Monatsdaten des Vor- und Nachmonats ersetzt. Ansonsten würden diese Extremwerte das Gesamtbild der statistischen Erhebung verfälschen. In den folgenden vier Abbildungen sind die Boxplots für den Absatz und Umsatz für die Staaten Arkansas und Michigan dargestellt.

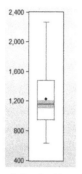

Abbildung 2: Boxplot Absatz Arkansas

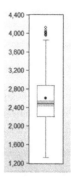

Abbildung 3: Boxplot Absatz Michigan

Bei der Zeitreihe für den Absatz Arkansas sind weder Ausreißer, noch Extremwerte zu erkennen. Im Gegensatz dazu sind in der Zeitreihe des Absatzes für Michigan Ausreißer oberhalb der oberen Spange zu verzeichnen. Allerdings sind auch bei dem Absatz von Michigan keine Extremwerte vorhanden.

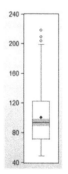

Abbildung 4: Boxplot Umsatz Arkansas

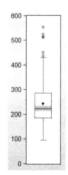

Abbildung 5: Boxplot Umsatz Michigan

Wie in den Abbildungen 4 und 5 zu sehen ist, gibt es beim Umsatz Arkansas drei Ausreißer und beim Umsatz Michigans sechs Ausreißer. Eine Bereinigung ist in diesem Fall nicht sinnvoll, da nach einer Datenkorrektur sich die Datenbasis verändern würde, und somit in Bezug auf diese neue Datenbasis wiederum neue Ausreißer und/oder Extremwerte zu verzeichnen wären.

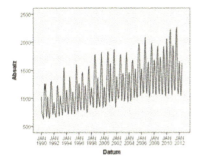
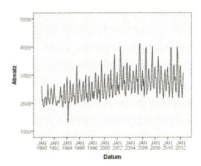

Abbildung 6: Sequenzdiagramm Absatz Arkansas   **Abbildung 7:** Sequenzdiagramm Absatz Michigan

In den obigen Abbildungen 6 und 7 ist die Dynamik des Absatzes der Staaten Arkansas und Michigan dargestellt. Bei dem Absatz von Arkansas ist ein deutlicher Anstieg in den letzten 22 1/2 Jahren zu verzeichnen. Im Januar 1990 betrug der Absatz in Arkansas circa 1.026 GWh und im Januar 2012 ungefähr 1.655 GWh. Dieser stieg somit um mehr als 61 % an. Für den Bundesstaat Michigan ist eine deutlich geringere Erhöhung von gerade einmal 720 GWh zu beobachten.

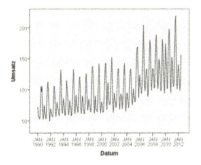
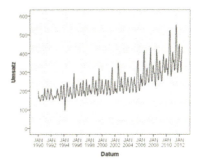

Abbildung 8: Sequenzdiagramm Umsatz Arkansas   **Abbildung 9:** Sequenzdiagramm Umsatz Michigan

Wie Abbildung 8 aufzeigt, hat sich der Umsatz in Arkansas in den letzten Jahren von fast 72 Millionen Dollar auf 139 Millionen Dollar im Januar 2012 verdoppelt. In Michigan ist noch eine größere Umsatzsteigerung zu verzeichnen. Hier stieg der Umsatz um 125 % in den letzten 22 1/2 Jahren an.

6

2.3 Periodogramm und Spektraldichtediagramm

In den Periodogrammen bzw. Spektraldichtediagrammen lassen sich Zyklen in den Zeitreihen identifizieren. Die Auswertung der folgenden Abbildungen zeigt dabei deutliche Zyklen beim Absatz von Arkansas auf.

Bei der Frequenz 0,083 tritt eine deutlich erkennbare Spitze auf, die den Monatszyklus kennzeichnet. Der Halbjahreszyklus ist an der Spitze bei der Frequenz 0,0167 erkennbar. Der Quartalszyklus ist bei der Frequenz 0,025 zu beobachten

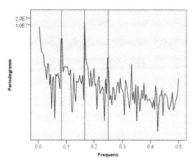 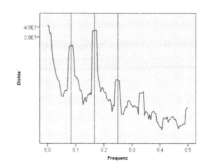

Abbildung 10: Periodogramm Absatz Arkansas

Abbildung 11: Spektraldichtediagramm Absatz Arkansas

In den Abbildungen 12 und 13 ist der Umsatz von Arkansas als Periodogramm bzw. Spektraldichtediagramm dargestellt. Hier findet sich ebenfalls ein Monats-, Halbjahres- und Quartalszyklus bei den identischen Frequenzen.

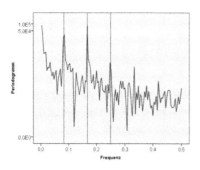 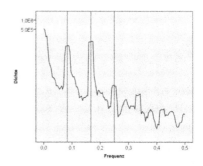

Abbildung 12: Periodogramm Arkansas Umsatz

Abbildung 13: Spektraldichtediagramm Umsatz Arkansas

3 Modellierung

In diesem Kapitel wird anhand der Zeitreihe für den Absatz in dem Bundesstaat Arkansas die Modellfindung, -prüfung, -prognose sowie Fehlerbetrachtung detailliert beschrieben. Die Ergebnisse der weiteren Zeitreihen werden anschließend zusammengefasst. Dies geschieht anhand der UC, ARIMA- und Kointegration-Modelle.

3.1 UC-Modell

3.1.1 Modellfindung

Hyperparameter lassen sich mit Hilfe von STAMP modellieren. Hierbei kann sowohl für das Niveau als auch für den Trend eine stochastische oder deterministische Modellierung durchgeführt werden. Die einzelnen Komponenten werden anhand der Varianzverhältnisse der Beobachtungsgleichungen modelliert. Eine Saisonkomponente kann deterministisch, trigonometrisch oder mit Dummy-Variablen modelliert werden. Durch den Likelihood-Ratio-Test (LR-Tests) wird überprüft, ob das Varianzverhältnis signifikant von null abweicht.

Im Ausgangsmodell werden stochastisches Niveau, stochastischer Trend und trigonometrische Saison berücksichtigt. Als Startkomponente wird die Komponente mit der geringsten Erklärungsgüte ausgewählt. Aus dem Modell wird keine ganze Komponente entfernt, da diese Handlung in der Regel zu einer deutlichen Verschlechterung des Modells führen würde. Des Weiteren gibt es die Möglichkeit bei der Modellfindung Zyklen und Autoregression in das Modell zu integrieren. Da es sich um einen kleinen Datenbestand handelt, ist eine Berücksichtigung von Zyklen nicht notwendig.

Aufbau des LR-Tests:

H_0: $\sigma^2 = 0$

H_A: $\sigma^2 \neq 0$

$$LR = n \cdot \ln \left(\frac{\sigma^2 | H_0}{\sigma^2 | H_A} \right)$$

Die Variable n gibt die Größe der Stichprobe wieder. Der Testwert wird mit dem Quantil der χ^2-Verteilung für zwei Freiheitsgrade, welches 5,991 beträgt, verglichen. Das Modell mit der größten Standardabweichung wird für die Nullhypothese verwendet. Das zu vergleichende Modell wird somit für die Alternativhypothese genutzt. Wenn der Wert des LR-Tests kleiner als 5,991 ist, wird die Nullhypothese nicht verworfen. Im Vergleich zum Modell der Alternativhypothese ist das Modell dann nicht signifikant schlechter. Mit diesem Modell wird dann die Modellierung fortgesetzt. Daraufhin wird dieses bessere Modell mit weiteren Modellen verglichen.

An dieser Stelle wird die Modellierung des Stromabsatzes von Arkansas durchgeführt und in der Tabelle 1 ausführlich dargestellt. Die Modellnummern geben dabei die Reihenfolge der Erstellung der Modelle wieder. Zudem ist angegeben welche Einflüsse bezüglich Niveau, Trend, Saison sowie Autoregression in die Gleichungen der jeweiligen Modelle mit eingehen. Aus den Standardfehlern der Modelle ergeben sich die Null- und Alternativhypothesen, die in den Spalten H_0 und H_A formuliert werden. Die Ergebnisse des LR-Tests sind in diesen Spalten grün hervorgehoben worden.

Für den Vergleich der Modelle 2 (H_A) und 3 (H_0) sei an dieser Stelle die Rechnung für die Bestimmung des LR-Testwerts einmal exemplarisch angegeben.

$$LR = 239 \cdot \ln\left(\frac{99{,}464^2}{99{,}179^2}\right) = 1{,}37$$

Da 1,37 < 5,991 gilt die Nullhypothese. Modell 3 ist somit Modell 2 vorzuziehen.

Modell	Level	Slope	Seasonal	AR	Standardfehler	LR	H_0	H_A
1	Stochastic	Stochastic	Trigometric	Nein	99,179			
2	Stochastic	Fixed	Trigometric	Nein	99,179	0,00	Modell 2	Modell 1
3	Stochastic	No Slope	Trigometric	Nein	99,464	1,37	Modell 3	Modell 2
4	Stochastic	No Slope	Dummy	Nein	102,58	14,81	Modell 4	Modell 3
5	Stochastic	No Slope	Trigometric	Ja	93,793	28,18	Modell 3	Modell 5

Tabelle 1: Übersicht der UC-Modelle Absatz Arkansas

Letztendlich hat sich Modell 5 als das bestes Modell herausgestellt.

Component	Variance	q-ratio
Irr	0,0000	0,0000
Lvl	267,3500	0,0431
Sea	5,7708	0,0009
AR1	6202,80	1,0000

Tabelle 2: Residualvarianzen der Beobachtungsgleichungen Absatz Arkansas

Tabelle 2 ist zu entnehmen, wie sich die Residualvarianzen der einzelnen Gleichungen jeweils auf die Restvarianz der Beobachtungsgleichungen beziehen. Ein Erklärungsanteil von 4,31 % entfällt auf die Niveaugleichung. Die saisonale Gleichung hat lediglich einen Erklärungsanteil von unter 1 %.

3.1.2 Modellprüfung

An dieser Stelle wird die Erklärungsgüte der Modelle anhand verschiedener Tests untersucht. In diesem Abschnitt erfolgt dies für den Absatz in Arkansas ausführlich.

Testgröße	Testwert
Std. Error	93,793
Normality	16,980
H(80)	1,8069
r(1)	0,080527
r(14)	0,034316
DW	1,7817
Q(14,10)	24,338
R_s^2	0,16823

Tabelle 3: Zusammenfassende Testauswertung UC-Modell Absatz Arkansas

- Der Standardfehler, der die Wurzel aus der geschätzten Restvarianz ist, beträgt 93,793.

- Der Testwert der Jarque-Bera-Statistik (Normality) gibt an, ob eine Normalverteilung vorliegt. Der Testwert wird mit dem Quantil der $\chi^2_{(2;0,05)}$ der χ^2-Verteilung verglichen, welches 5,991 beträgt. Da der Testwert mit 16,980 deutlich größer ist, wird die Nullhypothese verworfen. Somit liegt keine Normalverteilung vor.

- Ein weiterer Test ist der Test auf zeitabhängige Varianz. Dazu wird das Verhältnis der Quadratsummen der ersten und letzten 80 Residuen herangezogen. Dieses Verhältnis H(80) spiegelt wider, ob die Varianz zeitabhängig (H_0) oder zeitunabhängig ist (H_A). Um herauszufinden, welche Hypothese angenommen und welche verworfen wird, wird der Wert H(80) mit dem Quantil $F_{(80;80;0,05)}$ der F-Verteilung verglichen. Da der Wert dieses Modells mit 1,81 größer als der Tafelwert von 1,45 ist, wird die Nullhypothese verworfen und die Alternativhypothese angenommen. Dies bedeutet, dass die Reihe des Absatzes von Arkansas zeitunabhängig ist.

- Anschließend folgt die Betrachtung der Autokorrelation an den Lags 1 und 14. Deren Werte von 0,080527 und 0,034316 werden mit dem Quantil der N.V.(0;1/T) bei einer Irrtumswahrscheinlichkeit von 5 % verglichen. Da die beiden Werte unter dem kritischen Wert von 0,123 liegen, wird in beiden Fällen die Nullhypothese angenommen. Das bedeutet, dass keine Autokorrelation an den Lags 1 und 14 vorliegt.

- Der Testwert der Durbin-Watson Statistik von 1,7817 wird mit dem Quantil der N.V.(2;4/T) bei einer Irrtumswahrscheinlichkeit von 5 %, welches 2,247 beträgt, vergli-

10

chen. Hierbei gilt $4 - 2{,}247 < 1{,}7817 < 2{,}247$. Die Nullhypothese, die besagt, dass keine Autokorrelation erster Ordnung vorliegt, kann somit nicht abgelehnt werden.

- Mit Hilfe der Q-Statistik von Box und Ljung werden die Modellspezifikationen auf Autokorrelation höherer Ordnung untersucht. Der Testwert wird mit dem Quantil der χ^2-Verteilung bei k-p+r Freiheitsgraden verglichen. Die Variable k spiegelt die Anzahl der Lags wider, p die Anzahl der Parameter und r die Anzahl der Restriktionen. Der Testwert beträgt 24,38 und ist größer als das Quantil $\chi^2_{(10;0,05)}= 18{,}307$ der χ^2 –Verteilung. Somit wird die Nullhypothese abgelehnt. Somit liegt serielle Autokorrelation bis zum Lag 14 vor.

- Das saisonale Bestimmtheitsmaß beträgt 16,8 %

3.1.3 Modellprognose

Das gefundene UC-Modell wird verwendet, um eine Prognose für die letzten 18 Monate zu erstellen. Im unteren Teil der Abbildung 14 sind die prognostizierten Werte des UC-Modells im Vergleich zu den beobachteten Werten für den Absatz von Arkansas im Zeitraum von Januar 2011 bis Juni 2012 dargestellt. Des Weiteren sind die 2-Sigma-Grenzen des Konfidenzintervalls visualisiert.

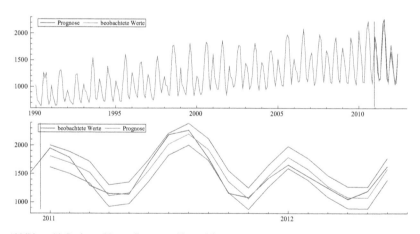

Abbildung 14: Punkt- und Intervallprognose Absatz Arkansas

Es ist zu erkennen, dass der Verlauf der Punktprognose sich dem Verlauf der beobachteten Werte sehr gut anpasst. Die prognostizierten Werte befinden sich allerdings nicht vollständig innerhalb der 2-Sigma-Grenzen. Es sind lediglich zwei Ausbrüche aus dem Konfidenzband zu verzeichnen. Diese sind im März und Oktober 2011 zu beobachten. In diesen Monaten wurde also deutlich weniger Strom abgesetzt, als prognostiziert.

3.1.4 Fehlerbetrachtung

Um die Prognose auf ihre Güte zu prüfen, kommen an dieser Stelle zwei Verfahren zum Einsatz. Die Relativzahl der Wurzel des quadratischen Prognosefehlers (RMSE%) sowie der mittlere absolute prozentuale Prognosefehler (MAPE%). Beide sollten möglichst klein sein.

Fehlerkriterium	Absatz Arkansas	Umsatz Arkansas	Absatz Michigan	Umsatz Michigan
RMSE%	7,83	8,04	5,65	7,84
MAPE%	6,64	6,40	4,60	5,61

Tabelle 4: Prognosefehler der UC-Modelle

Es ist zu erkennen, dass sich der Absatz im Allgemeinen insgesamt besser vorhersagen lässt, als der Umsatz. Zudem lassen sich die Zeitreihen für den Bundesstaat Michigan besser prognostizieren, als für Arkansas.

3.2 ARIMA-Modell

3.2.1 Modellfindung

Unter Verwendung der Software SPSS sollen an dieser Stelle automatisch ARIMA-Modelle erzeugt werden. Der folgenden Tabelle sind die geschätzten Parameter für das automatisch modellierte ARIMA(1,0,2)(0,1,1)-Modell zu entnehmen. Die automatisch geschätzten Modelle unterscheiden sich jedoch von manuell abgerüsteten ARIMA-Modellen. Die Terme, die saisonale Einflüsse beschreiben, werden nicht schrittweise eliminiert. Es kommt somit zur sprunghaften Auslassung saisonaler Einflüsse. Alle Parameter konnten auf einem Signifikanzniveau von 95 % geschätzt werden.

	Schätzer	Standardfehler	t	Signifikanz
Konstante	33,851	2,958	11,444	0,000
AR Lag 1	0,557	0,062	8,947	0,000
MA Lag 2	0,216	0,074	2,932	0,004
Saisonale Differenz	1			
MA (saisonal) Lag 1	0,761	0,057	13,447	0,000

Tabelle 5: Parameter des ARIMA(1,0,2)(0,1,1)-Modells Absatz Arkansas

Die Kurzform des ARIMA-Modells für den Absatz Arkansas lässt sich auch mit Verschiebeoperatoren darstellen:

$$(1 - B^{12}) \cdot (1 - d_1 \cdot B^1) \cdot X_t = d_0 + (1 + c_1 \cdot B^1 + c_2 \cdot B^2) \cdot (1 + c_{12} \cdot B^{12}) \cdot a_t$$

Nach der Ausmultiplikation der Klammern und dem Einsetzen der von SPSS modellierten Parameterschätzwerte ergibt sich folgende Modellgleichung für den Absatz Arkansas:

$$X_t = 33,851 + 0,557 \cdot X_{t-1} + X_{t-12} - 0,557 \cdot X_{t-13} + 0,216 \cdot a_{t-2} + 0,761 \cdot a_{t-12}$$

$$+ 0,164 \cdot a_{t-14} + a_t$$

Für die restlichen Zeitreihen ergeben sich folgende Modellgleichungen.

Umsatz Arkansas:

$$(1 - B^{12}) \cdot (1 - d_1 \cdot B^1 - d_2 \cdot B^2 - d_3 \cdot B^3) \cdot X_t = d_0 + (1 + c_{12} \cdot B^{12}) \cdot a_t$$

$$X_t = 0,034 + 0,588 \cdot X_{t-1} + 0,163 \cdot X_{t-3} + X_{t-12} - 0,588 \cdot X_{t-13} - 0,163 \cdot X_{t-15}$$

$$+ 0,799 \cdot a_{t-12} + a_t$$

Absatz Michigan:

$$(1 - B^{12}) \cdot X_t = d_0 + (1 + c_1 \cdot B^1) \cdot (1 + c_{12} \cdot B^{12}) \cdot a_t$$

$$X_t = 40,807 + X_{t-12} - 0,360 \cdot a_{t-1} + 0,732 \cdot a_{t-12} - 0,264 \cdot a_{t-13} + a_t$$

Umsatz Michigan:

$$(1 - B^{12}) \cdot X_t = d_0 + (1 + c_1 \cdot B^1 + c_2 \cdot B^2) \cdot (1 + c_{12} \cdot B^{12}) \cdot a_t$$

$$X_t = 8,656 + X_{t-12} - 0,492 \cdot a_{t-1} - 0,160 \cdot a_{t-2}$$

$$+ 0,635 \cdot a_{t-12} - 0,312 \cdot a_{t-13} - 0,101 \cdot a_{t-14} + a_t$$

3.2.2 Modellprognose

In der folgenden Abbildung 15 sind die beobachteten Werte des Stromabsatzes von Arkansas und die Prognose des automatisch erzeugten ARIMA(1,0,2)(0,1,1)-Modells visualisiert. Der Prognosezeitraum umfasst die letzten 18 Monate, beginnend im Januar 2011 und endend im Juni 2012.

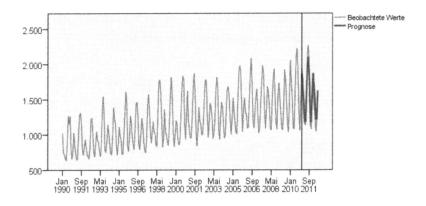

Zeitraum

Abbildung 15: Prognose des ARIMA(1,0,2)(0,1,1)-Modells Absatz Arkansas

Die prognostizierten Werte scheinen sich dem Verlauf der beobachteten Werte anzupassen. Um dies genauer prüfen, ist der folgenden Abbildung 17 der Prognosevergleich für die letzten 18 Monate detailliert zu entnehmen.

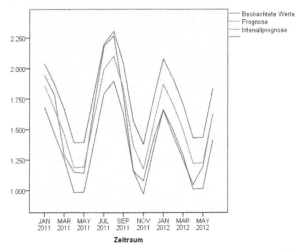

Abbildung 16: Detailprognose des ARIMA(1,0,2)(0,1,1)-Modells Absatz Arkansas

Es ist zu erkennen, dass der Verlauf der Punktprognose sich dem Verlauf der beobachteten Werte sehr gut anpasst. Die prognostizierten Werte befinden sich allerdings nicht vollständig innerhalb der 2-Sigma-Grenzen. Es sind zwei Ausbrüche aus dem Konfidenzband zu ver-

14

zeichnen. Diese sind im Oktober 2011 und März 2012 zu beobachten. In diesen Monaten wurde also deutlich weniger Strom abgesetzt, als prognostiziert.

3.2.3 Fehlerbetrachtung

Um die Prognose der ARIMA-Modelle auf ihre Güte zu prüfen, werden wieder die Relativzahl der Wurzel des quadratischen Prognosefehlers (RMSE %) sowie der mittlere absolute prozentuale Prognosefehler (MAPE %) betrachtet.

Fehlerkriterium	Absatz Arkansas	Umsatz Arkansas	Absatz Michigan	Umsatz Michigan
RMSE%	14,15	10,50	11,67	9,08
MAPE%	12,17	9,64	9,13	8,21

Tabelle 6: Prognosefehler der ARIMA-Modelle

Es ist zu erkennen, dass sich der Absatz im Allgemeinen insgesamt deutlich schlechter vorhersagen lässt, als der Umsatz. Zudem lassen sich die Zeitreihen für den Bundesstaat Michigan besser prognostizieren, als für Arkansas.

3.3 Zusammenfassender Vergleich der Fehlerkriterien

In diesem Kapitel werden der RMSE% und MAPE% der UC- und ARIMA-Modelle aller Zeitreihen miteinander verglichen, um das jeweils beste Modell zu ermitteln. In der Tabelle 7 ist dieser Vergleich dargestellt.

Modell	Fehlerkriterium	Absatz Arkansas	Umsatz Arkansas	Absatz Michigan	Umsatz Michigan
UC	RMSE%	7,83	8,04	5,65	7,84
	MAPE%	6,64	6,40	4,60	5,61
ARIMA	RMSE%	14,15	10,50	11,67	9,08
	MAPE%	12,17	9,64	9,13	8,21

Tabelle 7: Prognosefehler der UC- und ARIMA-Modelle

Deutlich zu erkennen ist, dass bei allen Zeitreihen die UC-Modelle besser, als die ARIMA-Modelle in Bezug auf die gewählten Fehlerkriterien, vorhergesagt werden. Dies ist beim Absatz von Arkansas am besten zu sehen. Hier sind die Werte des RMSE% bzw. MAPE% des ARIMA-Modells fast doppelt so hoch, wie die des UC-Modells. Des Weiteren lässt sich der Absatz bei den UC-Modellen im Allgemeinen insgesamt besser vorhersagen, als der Umsatz. Im Gegensatz dazu ist bei den ARIMA-Modellen der Umsatz besser, als der Absatz zu prognostizieren. Zudem lassen sich die Zeitreihen für den Bundesstaat Michigan besser vorhersagen, als für Arkansas.

3.4 Kointegration

Wenn es sich um integrierte Prozesse gleicher Ordnung handelt, bei denen ein langfristiges Gleichgewicht besteht, liegt eine Kointegration zwischen den beiden Zeitreihen vor. Eine solche Gleichgewichtsbeziehung zwischen den Reihen hat zur Folge, dass eine kurzfristige Abweichung einer Reihe vom Gleichgewicht eine Anpassung der anderen Reihe im Laufe der Zeit nach sich zieht.

Mit Hilfe des Kointegrationansatzes soll nun versucht werden, neben den UC- und ARIMA-Modellansätzen ein verbessertes Modell zu kreieren. Die Kointegration untersucht, ob womöglich Zusammenhänge zwischen unterschiedlichen Zeitreihen vorliegen. In diesem Zusammenhang sollen die Absatzreihen durch die Umsatzreihen erklärt werden.

Anschließend werden die Lang- und Kurzfristdynamiken analysiert, um die Möglichkeit der Kointegration der Absatz- und Erlösreihen zu bestätigen. Diese werden in einem Fehlerkorrekturmodell (Vector Error Correlation Model) erklärt. Als Demonstrationsbeispiel dient in diesem Kapitel der Bundesstaat Arkansas.

3.4.1 Saisonbereinigung

Im Folgenden werden die Zeitreihen Absatz und Umsatz mit Hilfe des Census X-12 Verfahren saisonbereinigt. In den Abbildungen 17 bis 20 sind die Sequenzdiagramme für die Zeitreihen von Arkansas mit und ohne Saisonbereinigung dargestellt.

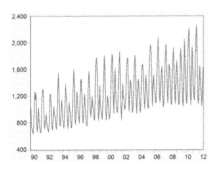 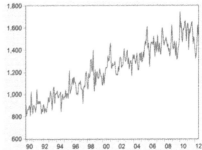

Abbildung 17: Sequenzdiagramm Absatz Arkansas

Abbildung 18: Sequenzdiagramm Absatz Arkansas saisonbereinigt

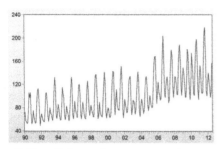 

Abbildung 19: Sequenzdiagramm Umsatz Arkansas   **Abbildung 20:** Sequenzdiagramm Umsatz Arkansas saisonbereinigt

Es ist deutlich zu erkennen, dass sowohl beim Absatz als auch beim Umsatz Arkansas starke saisonale Einflüsse enthalten sind, die nun herausgefiltert wurden.

3.4.2 Trendbereinigung mittels Einheitswurzeltests

Nachdem die saisonalen Einflüsse aus den Reihen entfernt wurden, muss überprüft werden, ob ein Trend in den Reihen vorliegt. Einheitswurzeltests dienen zur Ermittlung eines solchen Trends in den zu prüfenden Zeitreihen. Es wird getestet, ob eine einfache Differenz auf die beobachteten Werte angewendet werden muss.

3.4.2.1 Einheitswurzeltest nach Dickey-Fuller

Null Hypothesis: ABSATZ_SA has a unit root
Exogenous: Constant
Lag Length: 2 (Automatic based on SIC, MAXLAG=15)

		t-Statistic	Prob.*
Augmented Dickey-Fuller test statistic		-1.809639	0.3754
Test critical values:	1% level	-3.454719	
	5% level	-2.872162	
	10% level	-2.572503	

Tabelle 8: Einheitswurzeltest nach Dickey-Fuller für den Absatz Arkansas

H_0: Die Zeitreihe hat eine Einheitswurzel (erste Differenz)

- wird angenommen, wenn der kritische Wert größer als die Teststatistik t_α ist

H_A: Die Zeitreihe hat keine Einheitswurzel

- wird angenommen, wenn der kritische Wert kleiner als die Teststatistik t_α ist

Testverteilung: Augmented Dickey-Fuller (ADF)-Statistik

Für die Zeitreihe des Absatz Arkansas gilt für $\alpha = 0{,}05$:

$-1{,}81 > -2{,}87$

17

Daraus folgt, dass die Nullhypothese angenommen wird. Die Zeitreihe ist somit instationär.

3.4.2.2 Einheitswurzeltest nach Phillips-Perron

Beim Einheitswutzeltest nach Phillips-Perron gelten die gleichen Testhypothesen wie beim Einheitswurzeltest nach Dickey-Fuller.

Null Hypothesis: ABSATZ_SA has a unit root
Exogenous: Constant
Bandwidth: 12 (Newey-West using Bartlett kernel)

	Adj. t-Stat	Prob.*
Phillips-Perron test statistic	-2.242960	0.1917
Test critical values: 1% level	-3.454534	
5% level	-2.872081	
10% level	-2.572460	

Tabelle 9: Einheitswurzeltest nach Phillips-Perron für den Absatz Arkansas

Für die Zeitreihe des Absatz Arkansas gilt für $\alpha = 0,05$:

$$-2,24 > -2,87$$

Daraus folgt, dass die Nullhypothese auch nach Philips-Perron angenommen wird. In der folgenden Tabelle sind die Testergebnisse für alle Zeitreihen zusammenfassend dargestellt.

Reihe	Test	Kritischer Wert	Testwert	gültige Hypothese
Absatz	Dickey-Fuller	-2,87	-1,81	H_0
Arkansas	Philips-Perron	-2,87	-2,24	H_0
Umsatz	Dickey-Fuller	-2,87	-1,12	H_0
Arkansas	Philips-Perron	-2,87	-1,17	H_0
Absatz	Dickey-Fuller	-2,87	-2,13	H_0
Michigan	Philips-Perron	-2,87	-4,99	H_A
Umsatz	Dickey-Fuller	-2,87	1,42	H_0
Michigan	Philips-Perron	-2,87	-0,89	H_0

Tabelle 10: Einheitswurzeltestübersicht der Zeitreihen

Die Testergebnisse sagen aus, dass in allen Reihen eine Einheitswurzel vorhanden ist. Eine Ausnahme bildet hierbei das Testergebnis nach Philips-Perron für den Absatz Michigans. Demnach muss H_0 verworfen werden. Jedoch lässt das Sequenzdiagramm der saisonbereinigten Beobachtungen einen linearen Trend erkennen (vgl. dazu Abbildung 42: Sequenzdiagramm Absatz Michigan saisonbereinigt im Anhang). Das relativiert das Testergebnis, zumal der Testwert von Ausreißern im Datenbestand und von der Höhe der Varianz abhängig ist.

3.4.3 Modellfindung

Den in Abbildung 21 und 22 dargestellten Korrelogrammen ist zu entnehmen, dass beim Absatz sowie Umsatz Arkansas Cuts bei den Lags 1 und 2 vorliegen.

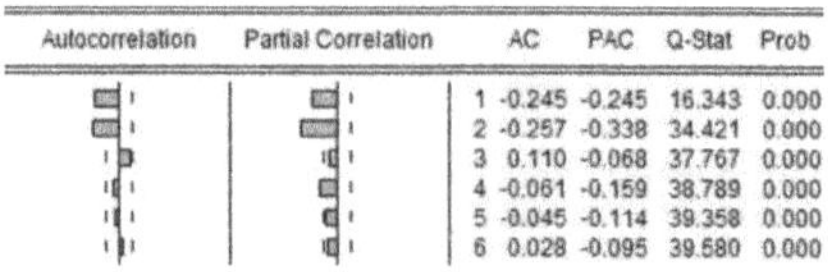

Autocorrelation	Partial Correlation		AC	PAC	Q-Stat	Prob
		1	-0.245	-0.245	16.343	0.000
		2	-0.257	-0.338	34.421	0.000
		3	0.110	-0.068	37.767	0.000
		4	-0.061	-0.159	38.789	0.000
		5	-0.045	-0.114	39.358	0.000
		6	0.028	-0.095	39.580	0.000

Autocorrelation	Partial Correlation		AC	PAC	Q-Stat	Prob
		1	-0.249	-0.249	16.806	0.000
		2	-0.181	-0.258	25.721	0.000
		3	0.095	-0.030	28.168	0.000
		4	-0.055	-0.093	29.012	0.000
		5	-0.097	-0.140	31.626	0.000
		6	0.020	-0.093	31.738	0.000

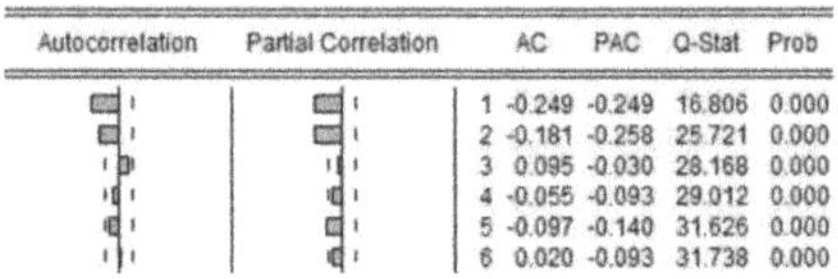

Abbildung 21: Korrelogramm der ersten Differenz Absatz Arkansas saisonbereinigt

Abbildung 22: Korrelogramm der ersten Differenz Umsatz Arkansas saisonbereinigt

Um zu prüfen, ob eine Kointegrationsbeziehung zwischen den beiden Zeitreihen vorliegt, wird ein Kointegrationstest durchgeführt. Dazu wird zunächst getestet inwiefern die Instationarität der Zeitreihen auf das Modell wirkt. Im Anschluss daran kann das VEC-Modell aufgestellt werden.

Kointegrationsbeziehungen werden in zwei Arten untergliedert:

- Die Zeitreihen besitzen einen Trend und die Kointegrationsgleichung nur ein konstantes Glied
- Die Zeitreihen besitzen einen Trend und die Kointegrationsgleichung ist trendstationär

Data Trend:	None	None	Linear	Linear	Quadratic
Test Type	No Intercept	Intercept	Intercept	Intercept	Intercept
	No Trend	No Trend	No Trend	Trend	Trend
Trace	0	0	0	1	1
Max-Eig	0	0	0	1	1

Tabelle 11: Kointegrationstests für Arkansas im Überblick

Wie Tabelle 11 zu entnehmen ist, besteht eine Kointegrationsbeziehung zwischen den beiden Zeitreihen bei denen der Trend stationär ist. Im Folgenden soll der Test nach Johansen ausführlich betrachtet werden. Hierbei werden zwei Testdurchläufe durchgeführt. Zunächst erfolgt ein Durchlauf für die Trace-Statistik und zum anderen ein Durchlauf für die Maximum-Eigenvalue-Statistik. Zu Beginn wird getestet, ob keine Kointegrationsbeziehung vorliegt. Anschließend erfolgt ein Test, ob mindestens eine Kointegrationsbeziehung existiert. Dafür werden folgende Hypothesen aufgestellt:

H_0: Es existieren mindestens r Kointegrationen.

- wird angenommen, wenn der kritische Wert größer als die Teststatistik t_α ist

H_A: Es existieren keine Kointegrationen zwischen den Zeitreihen

- wird angenommen, wenn der kritische Wert kleiner als die Teststatistik t_α ist

19

Unrestricted Cointegration Rank Test (Trace)

Hypothesized No. of CE(s)	Eigenvalue	Trace Statistic	0.05 Critical Value	Prob.**
None *	0.152211	48.42689	25.87211	0.0000
At most 1	0.016120	4.338995	12.51798	0.6927

Trace test indicates 1 cointegrating eqn(s) at the 0.05 level
* denotes rejection of the hypothesis at the 0.05 level
**MacKinnon-Haug-Michelis (1999) p-values

Unrestricted Cointegration Rank Test (Maximum Eigenvalue)

Hypothesized No. of CE(s)	Eigenvalue	Max-Eigen Statistic	0.05 Critical Value	Prob.**
None *	0.152211	44.08789	19.38704	0.0000
At most 1	0.016120	4.338995	12.51798	0.6927

Max-eigenvalue test indicates 1 cointegrating eqn(s) at the 0.05 level
* denotes rejection of the hypothesis at the 0.05 level
**MacKinnon-Haug-Michelis (1999) p-values

Tabelle 12: Johansen Test mit linearem Trend im Gleichgewicht für Arkansas

In Tabelle 12 ist dargestellt, dass im ersten Testdurchlauf die Nullhypothese „keine Kointegration" sowohl von der Trace-Statistik, als auch von der Maximum-Eigenvalue-Statistik abgelehnt wurde. Die Signifikanzwerte betragen in beiden Fällen 0 %. Beim zweiten Testlauf wird bei beiden Statistiken die Nullhypothese für eine Kointegration angenommen. Die Werte der Trace- und der Maximum-Eigenvalue-Statistik betragen in beiden Fällen 4,34. Sie sind somit beide kleiner als die kritischen Werte, welche in beiden Fällen 12,52 betragen. Somit kann die Nullhypothese H_0 nicht verworfen werden. Die Reihen Absatz und Umsatz von Arkansas sind mit einer Signifikanz von 69,24 % kointegriert. Dies belegt, dass sowohl die Zeitreihen, als auch die Kointegrationsbeziehungen trendstationär sind.

3.4.4 Modellprüfung

Lagstruktur	Reihe	AIC	SBC	R^2 in %
	Absatz	11,29	11,37	31,27
Lag 1-2	Umsatz	6,28	6,37	25,14
	Gesamt	16,03	16,24	
	Absatz	11,31	11,36	28,52
Lag 1-1	Umsatz	6,29	6,34	23,42
	Gesamt	16,05	16,21	
	Absatz	11,29	11,32	28,54
Lag 0	Umsatz	6,31	6,33	20,49
	Gesamt	16,16	16,25	

Tabelle 13: Optimierungskriterien der Kointegrationsmodellschätzungen Arkansas

Das Minimum von AIC wird bei der Berücksichtigung von zwei Zeitverzögerungen für das VEC-Modell erreicht. Das Minimum des SBC wird hingegen bei nur einer Zeitverzögerung für das VEC-Modell erreicht. Da es sich in diesem Fall um weniger als drei Parameter handelt, kann sich hier auf das AIC beschränkt werden.[1] Aus diesem Grund wird das Ausgangsmodell für die weitere Prognose verwendet, das zwei Zeitverzögerungen berücksichtigt.

Vector Error Correction Estimates
Date: 12/18/12 Time: 12:55
Sample (adjusted): 1990M04 2010M12
Included observations: 249 after adjustments
Standard errors in ( ) & t-statistics in [ ]

Cointegrating Eq:	CointEq1
ABSATZ_SA(-1)	1.000000
UMSATZ_SA(-1)	1.013910 (1.05747) [0.95881]
@TREND(90M01)	-3.103518 (0.31873) [-9.73728]
C	-913.2071

Error Correction:	D(ABSATZ_SA)	D(UMSATZ_...
CointEq1	-0.469481 (0.07143) [-6.57277]	-0.029808 (0.00586) [-5.09039]
D(ABSATZ_SA(-1))	-0.080503 (0.13488) [-0.59683]	0.023995 (0.01106) [2.16995]
D(ABSATZ_SA(-2))	-0.363175 (0.13410) [-2.70823]	-0.014940 (0.01099) [-1.35899]
D(UMSATZ_SA(-1))	0.648005 (1.69706) [0.38184]	-0.367001 (0.13913) [-2.63787]
D(UMSATZ_SA(-2))	2.820272 (1.70340) [1.65568]	0.046124 (0.13965) [0.33029]
C	3.337069 (4.29347) [0.77724]	0.338080 (0.35198) [0.96050]

Tabelle 14: Schätzergebnisse des VEC-Modells Arkansas

---

[1] Vgl. dazu Götze: Techniken des Business Forecasting, 2000, S. 144

In Tabelle 14 sind die geschätzten Parameter inklusive der kritischen Werte der t-Statistik des VEC-Modells mit einem Trendterm dargestellt. Bei einem Signifikanzniveau von 5 % müssen die kritischen Werte betragsmäßig größer als 1,96 sein. Ein Großteil der Parameter konnte nicht signifikant geschätzt werden. Aus diesem Grund muss das Modell so abgerüstet werden, dass alle Parameter signifikant geschätzt werden können (vgl. Kapitel 3.4.4.4 – Abrüstung).

3.4.4.1 Sichtprüfung der Korrelogramme der Residuen

In Abbildung 23 sind die Korrelogramme der Residuen des VEC-Modells für den Bundesstaat Arkansas dargestellt. Es ist deutlich zu erkennen, dass beim zwölften Lag ein Ausbruch aus den 2-Sigma-Grenzen vorliegt. Somit konnte ein saisonaler Einfluss auf Jahresebene nicht vollständig aus der Datenbasis entfernt werden. Das Ergebnis der Sichtprüfung wird im Folgenden mit Hilfe statistischer Testverfahren verifiziert.

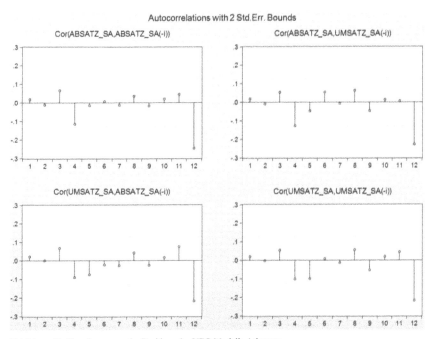

Abbildung 23: Korrelogramme der Residuen des VEC-Modells Arkansas

3.4.4.2 Portmanteau-Test

Der Portmanteau-Test prüft die Residuen des VEC-Modells auf serielle Autokorrelation. Der Testwert der adjungierten Q-Statistik wird mit dem Quantil der Chi-Quadrat-Verteilung bei df Freiheitsgraden verglichen. Eine Wahrscheinlichkeit unter 5 % bedeutet, dass die Nullhypothese abzulehnen ist.

Die Freiheitsgrade (df $= k^2 \cdot (h - p)$) bestimmen sich dabei wie folgt:

k: Anzahl der Gleichungen

p: Max-Lag in den Gleichungen

h: Lag der seriellen Korrelation in der Tabelle

VEC Residual Portmanteau Tests for Autocorrelations
Null Hypothesis: no residual autocorrelations up to lag h
Date: 12/18/12   Time: 13:11
Sample: 1990M01 2010M12
Included observations: 249

Lags	Q-Stat	Prob.	Adj Q-Stat	Prob.	df
1	0.107417	NA*	0.107851	NA*	NA*
2	0.233259	NA*	0.234711	NA*	NA*
3	1.428388	0.9847	1.444415	0.9842	7
4	5.597870	0.8988	5.681970	0.8937	11
5	11.64053	0.7060	11.84846	0.6905	15
6	16.89512	0.5970	17.23279	0.5741	19
7	17.54140	0.7819	17.89776	0.7630	23
8	19.78597	0.8396	20.21684	0.8215	27
9	21.25228	0.9051	21.73814	0.8911	31
10	21.59584	0.9630	22.09607	0.9559	35
11	25.17587	0.9576	25.84157	0.9477	39
12	41.81600	0.5226	43.32423	0.4575	43

*The test is valid only for lags larger than the VAR lag order.
df is degrees of freedom for (approximate) chi-square distribution

Tabelle 15: Testergebnisse VEC-Portmanteau-Test Arkansas

Tabelle 15 zeigt auf, dass die Nullhypothese in keinem Fall verworfen werden kann. Es bestehen somit keine Autokorrelationen zwischen den Residuen bis zum Lag 12. Dieses Ergebnis soll nun mittels eines LM-Tests spezifiziert werden.

3.4.4.3 LM-Test

Im Folgenden werden die Residuen des VEC-Modells für Arkansas einem LM-Test unterzogen, um zu prüfen, ob serielle Autokorrelation zwischen den Lags vorliegt. Dabei wird der Testwert der LM-Statistik wie beim Portmanteau-Test ebenfalls mit dem Quantil der Chi-Quadrat-Verteilung bei df Freiheitsgraden verglichen.

VEC Residual Serial Correlation LM T...
Null Hypothesis: no serial correlation ...
Date: 12/18/12   Time: 13:25
Sample: 1990M01 2010M12
Included observations: 249

Lags	LM-Stat	Prob
1	4.125160	0.3893
2	2.696318	0.6099
3	5.352382	0.2530
4	5.098100	0.2774
5	6.244416	0.1816
6	5.427817	0.2461
7	0.681668	0.9536
8	2.313767	0.6783
9	1.500286	0.8266
10	0.356561	0.9859
11	3.701932	0.4478
12	18.60874	0.0009

Tabelle 16: Testergebnisse VEC-LM-Test Arkansas

Tabelle 16 ist zu entnehmen, dass ab dem zwölften Lag die Nullhypothese abgelehnt werden kann (18,61 > 9,488). Das Testergebnis bestätigt das Ergebnis des Portmanteau-Tests.

3.4.4.4 Modellabrüstung

	Coefficient	Std. Error	t-Statistic	Prob.
C(1)	-0.469481	0.070562	-6.653420	0.0000
C(2)	-0.080503	0.133249	-0.604158	0.5460
C(3)	-0.363175	0.132475	-2.741461	0.0063
C(4)	0.648005	1.676494	0.386524	0.6993
C(5)	2.820272	1.682749	1.675991	0.0944
C(6)	3.337069	4.241429	0.786779	0.4318
C(7)	-0.029808	0.005785	-5.152851	0.0000
C(8)	0.023995	0.010924	2.196577	0.0285
C(9)	-0.014940	0.010860	-1.375663	0.1696
C(10)	-0.367001	0.137441	-2.670238	0.0078
C(11)	0.046124	0.137954	0.334340	0.7383
C(12)	0.338080	0.347718	0.972284	0.3314

Tabelle 17: VEC-Ausgangsmodell Arkansas

	Coefficient	Std. Error	t-Statistic	Prob.
C(1)	-0.489589	0.054041	-9.059651	0.0000
C(3)	-0.308492	0.077079	-4.002304	0.0001
C(5)	2.292854	0.759576	3.018309	0.0027
C(7)	-0.031317	0.004745	-6.599452	0.0000
C(8)	0.030048	0.004981	6.032813	0.0000
C(9)	-0.010335	0.004634	-2.230297	0.0262
C(10)	-0.415986	0.062128	-6.695592	0.0000

Tabelle 18: Abgerüstetes VEC-Modell Arkansas

Nach dem Abrüsten ergibt sich für das VEC-Modell Arkansas somit folgende Gleichung, die hier in der übersichtlichen Matrizendarstellung zu sehen ist.

$$\begin{pmatrix} \Delta ABSATZ\_SA(t) \\ \Delta UMSATZ\_SA(t) \end{pmatrix} =$$

$$\begin{pmatrix} -0{,}490 \cdot (\Delta ABSATZ\_SA(t-1) + 1{,}013 \cdot \Delta UMSATZ\_SA(t-1) - 3{,}104 \cdot (t-1) + 913{,}207 \\ -0{,}031 \cdot (\Delta ABSATZ\_SA(t-1) + 1{,}013 \cdot \Delta UMSATZ\_SA(t-1) - 3{,}104 \cdot (t-1) + 913{,}207 \end{pmatrix}$$

$$+ \begin{pmatrix} 0 & 0 \\ 0{,}030 & -0{,}416 \end{pmatrix} \cdot \begin{pmatrix} \Delta ABSATZ\_SA(t-1) \\ \Delta UMSATZ\_SA(t-1) \end{pmatrix} + \begin{pmatrix} -0{,}308 & 2{,}293 \\ -0{,}010 & 0 \end{pmatrix} \cdot \begin{pmatrix} \Delta ABSATZ\_SA(t-2) \\ \Delta UMSATZ\_SA(t-2) \end{pmatrix}$$

Für Michigan ergibt sich folgende Gleichung für das VEC-Modell:

$$\begin{pmatrix} \Delta ABSATZ\_SA(t) \\ \Delta UMSATZ\_SA(t) \end{pmatrix} =$$

$$\begin{pmatrix} -0,501 \cdot (\Delta ABSATZ\_SA(t-1) + 4,245 \cdot \Delta UMSATZ\_SA(t-1) - 6,720 \cdot (t-1) + 2720,683 \\ -0,054 \cdot (\Delta ABSATZ\_SA(t-1) + 4,245 \cdot \Delta UMSATZ\_SA(t-1) - 6,720 \cdot (t-1) + 2720,683 \end{pmatrix}$$

$$+ \begin{pmatrix} 0 & 0 \\ 0,032 & -0,261 \end{pmatrix} \cdot \begin{pmatrix} \Delta ABSATZ\_SA(t-1) \\ \Delta UMSATZ\_SA(t-1) \end{pmatrix} + \begin{pmatrix} 0 & 0 \\ -0,030 & -0,306 \end{pmatrix} \cdot \begin{pmatrix} \Delta ABSATZ\_SA(t-2) \\ \Delta UMSATZ\_SA(t-2) \end{pmatrix}$$

$$+ \begin{pmatrix} 0 \\ 0,780 \end{pmatrix}$$

3.4.5 Modellprognose

In den Abbildungen 24 und 25 ist die Prognose bzw. die Detailprognose des VEC-Modells von Arkansas dargestellt.

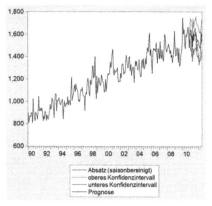

Abbildung 24: Prognose des VEC-Modells Absatz Arkansas

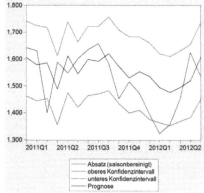

Abbildung 25: Detailprognose des VEC-Modells Absatz Arkansas

Es ist zu erkennen, dass der Verlauf der Punktprognose sich dem Verlauf der beobachteten Werte sehr gut anpasst. Die prognostizierten Werte befinden sich allerdings nicht vollständig innerhalb der 2-Sigma-Grenzen. Jedoch sind zwei Ausbrüche aus dem Konfidenzband zu verzeichnen. Diese sind im März 2011 und Februar 2012 zu beobachten. In diesen Monaten wurde also deutlich weniger Strom abgesetzt, als prognostiziert. Des Weiteren ist festzustellen, dass die Prognose um einen Monat verzögert den tatsächlichen Absatz wiedergibt.

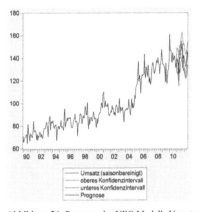

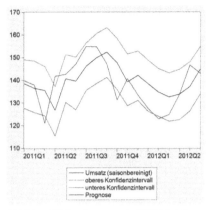

Abbildung 26: Prognose des VEC-Modells Umsatz Arkansas

Abbildung 27: Detailprognose des VEC-Modells Umsatz Arkansas

Im Gegensatz zu dem Absatz von Arkansas sind beim Umsatz von Arkansas drei Ausbrüche aus dem Konfidenzband zu verzeichnen. Im März 2011 und Februar 2012 sind wie beim Absatz von Arkansas Ausbrüche aus der unteren 2-Sigma-Grenze zu erkennen. Dies bedeutet, dass der Strom deutlich günstiger war, als prognostiziert. Der dritte Ausbruch ist im April des Jahrs 2011 zu identifizieren. Zu diesem Zeitpunkt war der Strom teurer, als prognostiziert. Auch hier zeigt sich eine monatliche Verschiebung zwischen Prognose und den beobachteten Werten.

3.4.6 Fehlerbetrachtung

Um die Prognose der VEC-Modelle auf ihre Güte zu prüfen, werden wieder die Relativzahl der Wurzel des quadratischen Prognosefehlers (RMSE %) sowie der mittlere absolute prozentuale Prognosefehler (MAPE %) betrachtet.

Fehlerkriterium	Absatz Arkansas	Umsatz Arkansas	Absatz Michigan	Umsatz Michigan
RMSE%	6,28	6,34	4,34	4,01
MAPE%	5,63	5,31	3,50	3,46

Tabelle 19: Prognosefehler der ARIMA-Modelle

Es ist zu erkennen, dass sich der Absatz im Allgemeinen insgesamt deutlich schlechter vorhersagen lässt, als der Umsatz. Zudem lassen sich die Zeitreihen für den Bundesstaat Michigan besser prognostizieren, als für Arkansas.

26

4 Zusammenfassung

4.1 Fehlerbetrachtung aller Modelle

In diesem Kapitel werden der RMSE% und MAPE% der UC-, ARIMA- und VEC-Modelle aller Zeitreihen miteinander verglichen, um das jeweils beste Modell zu ermitteln. In der Tabelle 20 ist dieser Vergleich dargestellt.

Modell	Fehlerkriterium	Absatz Arkansas	Umsatz Arkansas	Absatz Michigan	Umsatz Michigan
UC	RMSE%	7,83	8,04	5,65	7,84
	MAPE%	6,64	6,40	4,60	5,61
ARIMA	RMSE%	14,15	10,50	11,67	9,08
	MAPE%	12,17	9,64	9,13	8,21
VEC	RMSE%	6,28	6,34	4,34	4,01
	MAPE%	5,63	5,31	3,50	3,46

Tabelle 20: Prognosefehlervergleich aller Modelle

Deutlich zu erkennen ist, dass bei allen Zeitreihen die VEC-Modelle besser, als die ARIMA- und UC-Modelle in Bezug auf die gewählten Fehlerkriterien, vorhergesagt werden.

Des Weiteren lässt sich der Absatz bei den UC-Modellen im Allgemeinen insgesamt besser vorhersagen, als der Umsatz. Im Gegensatz dazu ist bei den ARIMA- und VEC-Modellen der Umsatz besser, als der Absatz zu prognostizieren. Zudem lassen sich die Zeitreihen für den Bundesstaat Michigan besser vorhersagen, als für Arkansas. So weist das VEC-Modell, das den Umsatz für den Bundesstaat Michigan prognostiziert, die geringsten Prognosefehler auf.

4.2 Fazit

In dieser Arbeit wurden Zeitreihen, die den Stromabsatz und -umsatz der US-Bundesstaaten Arkansas und Michigan beschreiben, untersucht. Die Daten entstammen dem Onlineportal der Energy Information Administration (EIA), dem Amt für Energiestatistik innerhalb des US-amerikanischen Energieministeriums. Für diese vier Zeitreihen wurden jeweils ein UC-Modell in EViews und ein automatisches ARIMA-Modell in SPSS erstellt. Dabei erwiesen sich die UC-Modelle für alle Zeitreihen als die Modelle mit der besseren Prognosegüte.

Im Anschluss daran wurde für beide Bundesstaaten jeweils ein VEC-Modell erstellt, das eine Wechselbeziehung zwischen den Absatz- und Umsatzreihen beschreibt. Das VEC-Modell zur Beschreibung der Beziehung zwischen Absatz und Umsatz enthält einen zusätzlichen Trendterm in der Kointegrationsgleichung. Die Modellierung dieser mehrdimensionalen VEC-Modelle konnte die Modellgüte der gefundenen Modelle noch einmal verbessern

5 Anhang

5.1 Datenvorbehandlung

5.1.1 Periodogramm und Spektraldichtediagramm

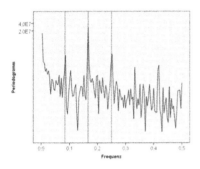

Abbildung 28: Periodogramm Absatz Michigan

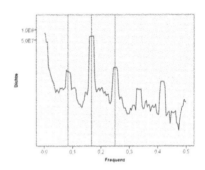

Abbildung 29: Spektraldichtediagramm Absatz Michigan

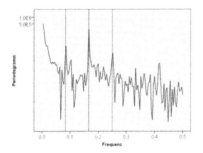

Abbildung 30: Periodogramm Umsatz Michigan

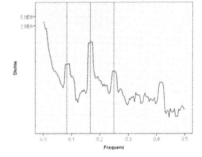

Abbildung 31: Spektraldichtediagramm Umsatz Michigan

5.2 Modellierung

5.2.1 UC-Modell

5.2.1.1 Modellfindung

Modell	Level	Slope	Seasonal	AR	Standardfehler	LR	H_0	H_A
1	Stochastic	Stochastic	Trigometric	Nein	8,1644			
2	Stochastic	Fixed	Trigometric	Nein	8,1644	0	Modell 2	Modell 1
3	Stochastic	No Slope	Trigometric	Nein	8,1849	1,20	Modell 3	Modell 2
4	Stochastic	No Slope	Dummy	Nein	8,4912	17,63	Modell 4	Modell 3
5	Stochastic	No Slope	Trigometric	Ja	7,8505	20,02	Modell 3	Modell 5

Tabelle 21: Übersicht der UC-Modelle Umsatz Arkansas

Modell	Level	Slope	Seasonal	AR	Standardfehler	LR	H_0	H_A
1	Stochastic	Stochastic	Trigometric	Nein	214,76			
2	Stochastic	Fixed	Trigometric	Nein	208,31	14,57	Modell 1	Modell 2
3	Stochastic	No Slope	Trigometric	Nein	209,23	2,12	Modell 3	Modell 2
4	Stochastic	No Slope	Dummy	Nein	217,15	17,83	Modell 4	Modell 3
5	Stochastic	No Slope	Trigometric	Ja	200,38	20,74	Modell 3	Modell 5

Tabelle 22: Übersicht der UC-Modelle Absatz Michigan

Modell	Level	Slope	Seasonal	AR	Standardfehler	LR	H_0	H_A
1	Stochastic	Stochastic	Trigometric	Nein	24,324			
2	Stochastic	Fixed	Trigometric	Nein	22,131	45,16	Modell 1	Modell 2
3	Stochastic	No Slope	Trigometric	Nein	22,396	5,71	Modell 3	Modell 2
4	Stochastic	No Slope	Dummy	Nein	23,633	25,81	Modell 4	Modell 3
5	Stochastic	No Slope	Trigometric	Ja	21,738	14,31	Modell 3	Modell 5

Tabelle 23: Übersicht der UC-Modelle Umsatz Michigan

5.2.1.2 Modellprognose

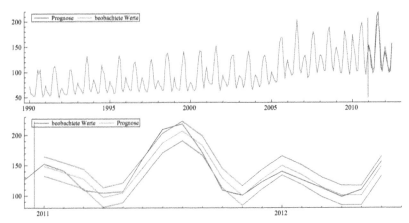

Abbildung 32: Punkt- und Intervallprognose Umsatz Arkansas

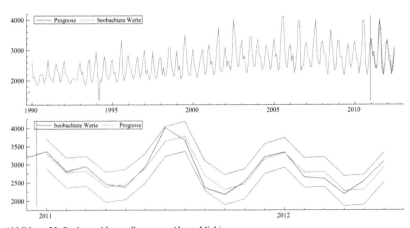

Abbildung 33: Punkt- und Intervallprognose Absatz Michigan

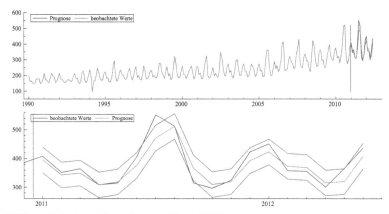

Abbildung 34: Punkt- und Intervallprognose Umsatz Michigan

5.2.2 ARIMA-Modell

5.2.2.1 Modellfindung

	Schätzer	Standardfehler	t	Signifikanz
Konstante	0,034	0,004	7,631	0,000
AR Lag 1	0,588	0,055	10,726	0,000
AR Lag 3	0,163	0,055	2,988	0,003
Saisonale Differenz	1			
MA (saisonal) Lag 1	0,799	0,057	13,946	0,000

Tabelle 24: Parameter des ARIMA(3,0,0)(0,1,1)-Modells Umsatz Arkansas

	Schätzer	Standardfehler	t	Signifikanz
Konstante	40,807	5,762	7,081	0,000
MA Lag 1	-0,360	0,061	-5,905	0,000
Saisonale Differenz	1			
MA (saisonal) Lag 1	0,732	0,053	13,842	0,000

Tabelle 25: Parameter des ARIMA(0,0,1)(0,1,1)-Modells Absatz Michigan

	Schätzer	Standardfehler	t	Signifikanz
Konstante	8,656	0,989	8,754	0,000
MA Lag 1	-0,492	0,066	-7,498	0,000
MA Lag 2	-0,160	0,066	-2,439	0,015
Saisonale Differenz	1			
MA (saisonal) Lag 1	0,635	0,064	10,006	0,000

Tabelle 26: Parameter des ARIMA(0,0,2)(0,1,1)-Modells Umsatz Michigan

5.2.2.2 Modellprognose

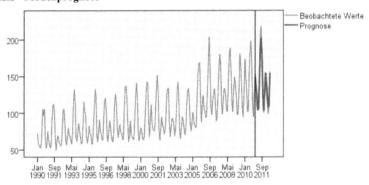

Abbildung 35: Prognose des ARIMA(3,0,0)(0,1,1)-Modells Umsatz Arkansas

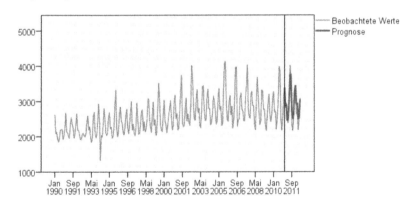

Abbildung 36: Prognose des ARIMA(0,0,1)(0,1,1)-Modells Absatz Michigan

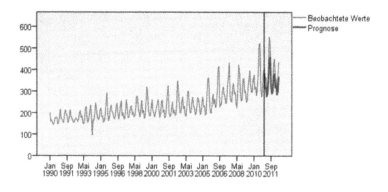

Zeitraum

Abbildung 37: Prognose des ARIMA(0,0,2)(0,1,1)-Modells Umsatz Michigan

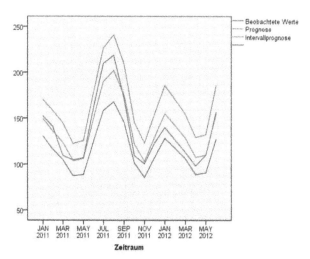

Zeitraum

Abbildung 38: Detailprognose des ARIMA(3,0,0)(0,1,1)-Modells Umsatz Arkansas

33

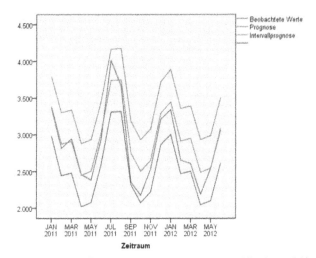

Abbildung 39: Detailprognose des ARIMA(0,0,1)(0,1,1)-Modells Absatz Michigan

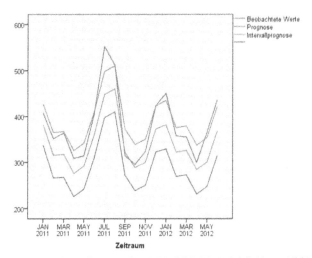

Abbildung 40: Detailprognose des ARIMA(0,0,2)(0,1,1)-Modells Umsatz Michigan

34

5.3 Kointegration

5.3.1 Saisonbereinigung

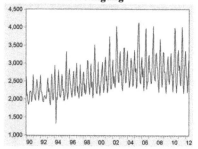

Abbildung 41: Sequenzdiagramm Absatz Michigan

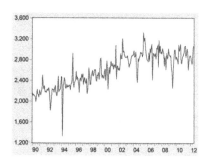

Abbildung 42: Sequenzdiagramm Absatz Michigan saisonbereinigt

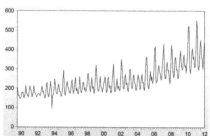

Abbildung 43: Sequenzdiagramm Umsatz Michigan

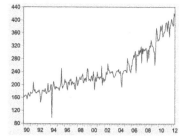

Abbildung 44: Sequenzdiagramm Umsatz Michigan saisonbereinigt

5.3.2 Modellfindung

Autocorrelation	Partial Correlation		AC	PAC	Q-Stat	Prob
		1	-0.350	-0.350	33.369	0.000
		2	-0.099	-0.253	36.051	0.000
		3	-0.021	-0.186	36.168	0.000
		4	-0.032	-0.177	36.443	0.000
		5	0.008	-0.137	36.460	0.000
		6	0.057	-0.043	37.352	0.000

Abbildung 45: Korrelogramm der ersten Differenz Absatz Michigan saisonbereinigt

Autocorrelation	Partial Correlation		AC	PAC	Q-Stat	Prob
		1	-0.310	-0.310	26.191	0.000
		2	-0.150	-0.273	32.345	0.000
		3	-0.003	-0.176	32.348	0.000
		4	-0.021	-0.158	32.468	0.000
		5	-0.053	-0.190	33.248	0.000
		6	0.078	-0.073	34.927	0.000

Abbildung 46: Korrelogramm der ersten Differenz Umsatz Michigan saisonbereinigt

Data Trend:	None	None	Linear	Linear	Quadratic
Test Type	No Intercept	Intercept	Intercept	Intercept	Intercept
	No Trend	No Trend	No Trend	Trend	Trend
Trace	1	1	1	2	1
Max-Eig	1	1	1	2	1

Tabelle 27: Kointegrationstests für Michigan im Überblick

Unrestricted Cointegration Rank Test (Trace)

Hypothesized No. of CE(s)	Eigenvalue	Trace Statistic	0.05 Critical Value	Prob.**
None *	0.128782	49.44497	25.87211	0.0000
At most 1 *	0.048226	13.04899	12.51798	0.0407

Trace test indicates 2 cointegrating eqn(s) at the 0.05 level
* denotes rejection of the hypothesis at the 0.05 level
**MacKinnon-Haug-Michelis (1999) p-values

Unrestricted Cointegration Rank Test (Maximum Eigenvalue)

Hypothesized No. of CE(s)	Eigenvalue	Max-Eigen Statistic	0.05 Critical Value	Prob.**
None *	0.128782	36.39598	19.38704	0.0001
At most 1 *	0.048226	13.04899	12.51798	0.0407

Max-eigenvalue test indicates 2 cointegrating eqn(s) at the 0.05 level
* denotes rejection of the hypothesis at the 0.05 level
**MacKinnon-Haug-Michelis (1999) p-values

Tabelle 28: Johansen Test mit linearem Trend im Gleichgewicht für Michigan

5.3.3 Modellprüfung

Lagstruktur	Reihe	AIC	SBC	R^2 in %
Lag 1-5	Absatz	12,97	13,14	37,31
	Umsatz	8,33	8,50	38,65
	Gesamt	19,16	19,55	
Lag 1-4	Absatz	12,95	13,09	37,11
	Umsatz	8,32	8,46	38,32
	Gesamt	19,15	19,47	
Lag 1-3	Absatz	12,96	13,07	35,47
	Umsatz	8,32	8,43	36,78
	Gesamt	19,15	19,42	
Lag 1-2	Absatz	12,94	13,02	35,24
	Umsatz	8,30	8,39	36,47
	Gesamt	19,11	19,32	
Lag 1-1	Absatz	12,92	12,97	35,27
	Umsatz	8,29	8,35	35,98
	Gesamt	19,18	19,34	
Lag 0	Absatz	12,90	12,92	35,37
	Umsatz	8,28	8,31	35,45
	Gesamt	19,22	19,32	

Tabelle 29: Optimierungskriterien der Kointegrationsmodellschätzungen Michigan

Vector Error Correction Estimates
Date: 12/19/12   Time: 11:25
Sample (adjusted): 1990M04 2010M12
Included observations: 249 after adjustments
Standard errors in ( ) & t-statistics in [ ]

Cointegrating Eq:	CointEq1	
ABSATZ_SA(-1)	1.000000	
UMSATZ_SA(-1)	4.245488	
	(0.91541)	
	[4.63781]	
@TREND(90M01)	-6.719671	
	(0.65590)	
	[-10.2450]	
C	-2720.683	

Error Correction:	D(ABSATZ_SA)	D(UMSATZ_...
CointEq1	-0.507026	-0.054616
	(0.06491)	(0.00640)
	[-7.81134]	[-8.53628]
D(ABSATZ_SA(-1))	-0.018952	0.030551
	(0.19144)	(0.01887)
	[-0.09899]	[1.61896]
D(ABSATZ_SA(-2))	-0.055298	0.024559
	(0.18196)	(0.01794)
	[-0.30390]	[1.36928]
D(UMSATZ_SA(-1))	0.205858	-0.241811
	(1.77454)	(0.17492)
	[0.11601]	[-1.38245]
D(UMSATZ_SA(-2))	0.763313	-0.235885
	(1.76382)	(0.17386)
	[0.43276]	[-1.35676]
C	2.408973	1.002761
	(9.87959)	(0.97383)
	[0.24383]	[1.02971]

Tabelle 30: Schätzergebnisse des VEC-Modells Michigan

5.3.3.1 Sichtprüfung der Korrelogramme der Residuen

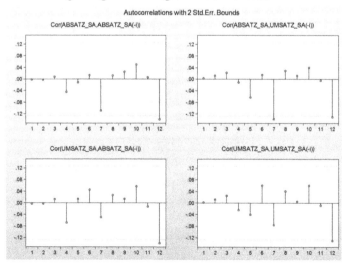

Abbildung 47: Korrelogramme der Residuen des VEC-Modells Michigan

37

5.3.3.2 Portmanteau-Test und LM-Test

VEC Residual Portmanteau Tests for Autocorrelations
Null Hypothesis: no residual autocorrelations up to lag h
Date: 12/20/12 Time: 12:16
Sample: 1990M01 2010M12
Included observations: 249

Lags	Q-Stat	Prob.	Adj Q-Stat	Prob.	df
1	0.052644	NA*	0.052856	NA*	NA*
2	0.511034	NA*	0.514957	NA*	NA*
3	1.050173	0.9940	1.060672	0.9938	7
4	7.346245	0.7704	7.459537	0.7607	11
5	14.67706	0.4749	14.94057	0.4557	15
6	21.96396	0.2861	22.40740	0.2645	19
7	33.74790	0.0689	34.53219	0.0578	23
8	34.90556	0.1413	35.72828	0.1214	27
9	35.97662	0.2467	36.83951	0.2168	31
10	39.67839	0.2693	40.69617	0.2340	35
11	43.19623	0.2967	44.37660	0.2554	39
12	48.13120	0.2729	49.56143	0.2280	43

*The test is valid only for lags larger than the VAR lag order.
df is degrees of freedom for (approximate) chi-square distribution

Tabelle 31: Testergebnisse VEC-Portmanteau-Test Michigan

VEC Residual Serial Correlation LM T...
Null Hypothesis: no serial correlation ...
Date: 12/20/12 Time: 12:19
Sample: 1990M01 2010M12
Included observations: 249

Lags	LM-Stat	Prob
1	1.753150	0.7810
2	3.007533	0.5566
3	1.460028	0.8337
4	6.438101	0.1687
5	7.569702	0.1087
6	7.470273	0.1130
7	12.15351	0.0162
8	1.193148	0.8792
9	1.117601	0.8915
10	3.921350	0.4168
11	3.781182	0.4364
12	5.036125	0.2836

Tabelle 32: Testergebnisse VEC-LM-Test Michigan

5.3.3.3 Modellabrüstung

	Coefficient	Std. Error	t-Statistic	Prob.
C(1)	-0.507026	0.064122	-7.907191	0.0000
C(2)	-0.018952	0.189123	-0.100210	0.9202
C(3)	-0.055298	0.179755	-0.307631	0.7585
C(4)	0.205858	1.753025	0.117430	0.9066
C(5)	0.763313	1.742441	0.438071	0.6615
C(6)	2.408973	9.759829	0.246825	0.8051
C(7)	-0.054616	0.006321	-8.641024	0.0000
C(8)	0.030551	0.018642	1.638822	0.1019
C(9)	0.024559	0.017718	1.386077	0.1664
C(10)	-0.241811	0.172795	-1.399409	0.1623
C(11)	-0.235885	0.171752	-1.373405	0.1703
C(12)	1.002761	0.962024	1.042346	0.2978

Tabelle 33: VEC-Ausgangsmodell Michigan

	Coefficient	Std. Error	t-Statistic	Prob.
C(1)	-0.500860	0.042989	-11.65078	0.0000
C(7)	-0.054046	0.004561	-11.84820	0.0000
C(8)	0.032303	0.006603	4.891979	0.0000
C(9)	0.029671	0.006276	4.727659	0.0000
C(10)	-0.260842	0.061207	-4.261676	0.0000
C(11)	-0.306452	0.060837	-5.037263	0.0000
C(12)	0.780056	0.340762	2.289150	0.0225

Tabelle 34: Abgerüstetes VEC-Modell Michigan

5.3.4 Modellprognose

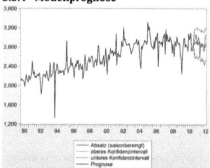

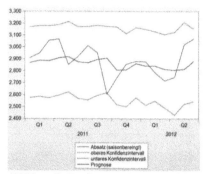

Abbildung 48: Prognose des VEC-Modells Absatz
Michigan

Abbildung 49: Detailprognose des VEC-Modells
Absatz Michigan

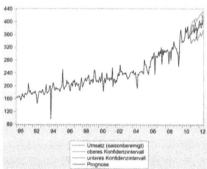

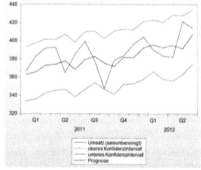

Abbildung 50: Prognose des VEC-Modells Umsatz
Michigan

Abbildung 51: Detailprognose des VEC-Modells
Umsatz Michigan

6   Abbildungsverzeichnis

41

7 Tabellenverzeichnis

www.ingramcontent.com/pod-product-compliance
Lightning Source LLC
La Vergne TN
LVHW042302060326
832902LV00009B/1208